ZauberWorte über Kinder

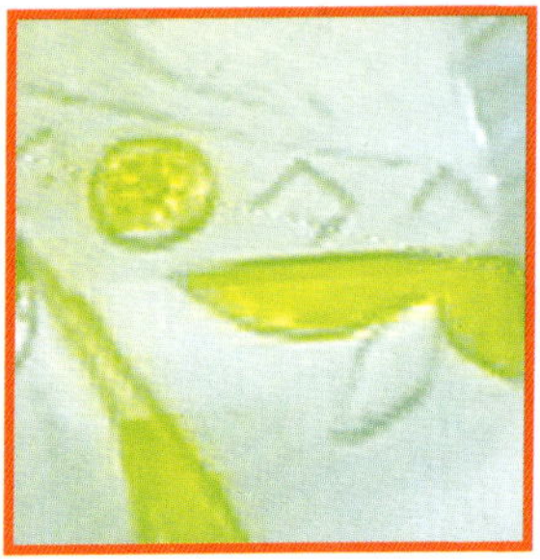

Sigrid Leo

ZauberWorte

über Kinder

arsEdition

leucht

Ein
glückliches
Kind hat
leuchtende
augen.
Es geht
offenen
herzens
auf die Welt
zu und
verzaubert sie.

Ein Kind

Ein Kind verlangt nach Führung, es will seine Grenzen erkennen, will am liebevollen Widerstand der Erwachsenen *selber* wachsen.

EIN KIND will
gesehen werden,
wie es *jetzt* ist,
und es will
geliebt werden,
weil es so ist.

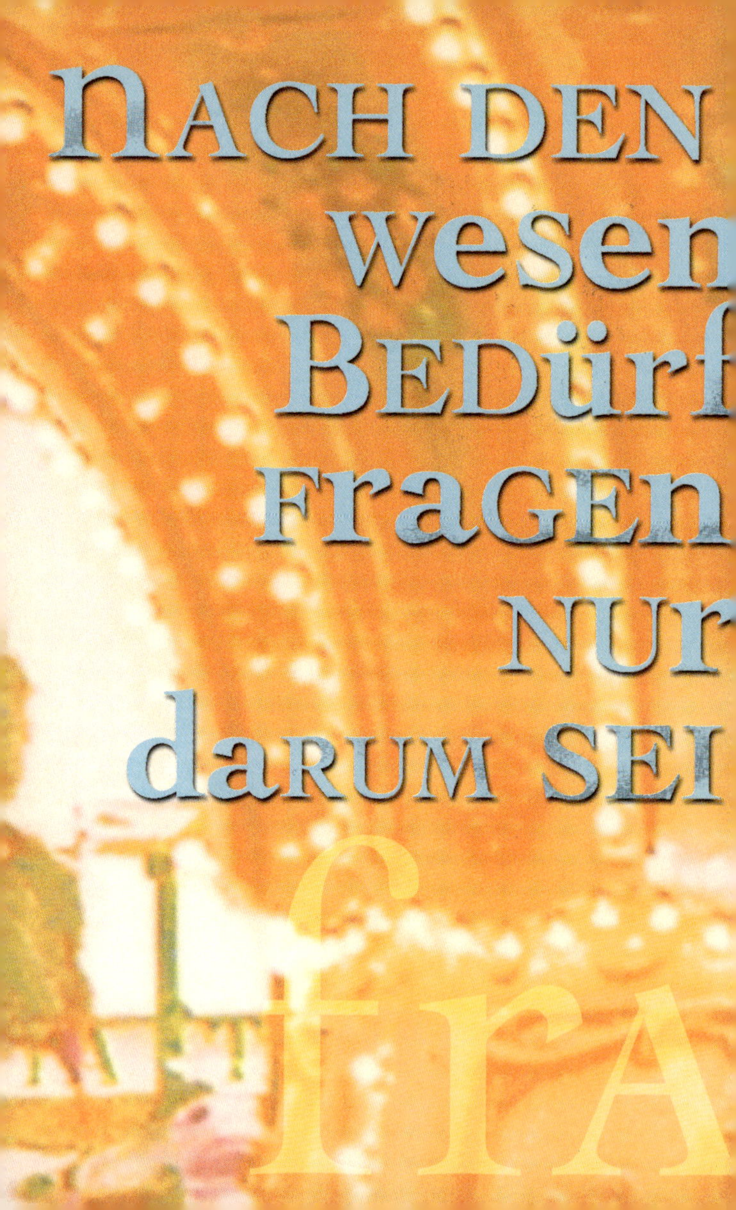
NACH DEN
wesen
BEDürf
FRAGEN
NUR
darum SEI
fra

tlichen
nissen
Kinder
einmal –
wachsam.

GEn

espekt

In den Augen
eines Kindes
erkennst du
seine Welt.

Die Welt des Kindes
ist seine Seele.

Diese Seele
zu respektieren
ist unser AUFTRAG
als Eltern.

wir alle wollen glücklich sein.
Wir alle streben nach **Zufrie-
denheit** und **Harmonie**.
Nur wissen viele von uns nicht,
wie dieser Zustand zu erreichen ist,
und leiden still oder laut darauf
aufmerksam machend vor sich hin.
Viele geben der Umwelt, den
schlechten Bedingungen bei der
Arbeit oder ihren Eltern die Schuld
für das eigene Unglücklichsein.
Sie warten auf die Erlösung

von ihrem Leid, auf Hilfe, die von außen kommen soll. Das WARTEN ist vergeblich. Erst wenn wir durch eigene Anstrengung in uns selbst den Samen für unser Glück gelegt haben, kommen auch von außen Menschen in unser Leben, die helfend zur Seite stehen. Der Funken zur Glückseligkeit liegt IN UNS SELBST verborgen.

du SAG

du SAGST, du liebst mich, Vater,

und liest als Erstes in der Zeitung,

wenn du abends heimkommst,

und denkst, ich merke es nicht.

du sagst, du liebst mich, Vater,
und trittst auf mein Lieblingsspielzeug,
das gerade im Weg lag,
und denkst, ich merke es nicht.

du sagst, du liebst mich, Vater,
und nimmst dir,
wenn wir den Kuchen teilen,
das größere Stück,
und denkst, ich merke es nicht.

du sagst, du liebst mich, Vater,
und lässt mich warten,
wenn wir fest verabredet waren,
und denkst, ich merke es nicht.

du sagst, du liebst mich, Vater,
und wunderst dich, dass ich traurig bin,
weil ich so lange darauf warte,
dass du mich liebst,
und ich denke, du merkst es nicht.

du s

doch plötzlich stehst du, Vater,

lächelnd vor mir, legst deine Hand

auf meine Schulter

und sagst mir, das du dir für

ein paar Tage freigenommen hast

und viel Zeit hast für mich.

Du sagst, du freust dich darauf,

und ich merke, dass du mich liebst.

mein vater

agst

Quelle

Schöpferisch
in der Erziehung
zu sein heißt
aus der
eigenen Quelle
zu schöpfen
und hier
nach Antworten
auf unsere
Fragen zu *suchen*.

Liebe duldet keine Nachlässigkeit. Sie erfordert Kraft und höchste Disziplin.
Liebe ist keine Emotion, die kommt und geht wie sie will, sondern die qualität einer starken Seele, und sie bedarf des Willens, um sichtbar zu werden.
Liebe lebt vom *Geben.*
Wie du gibst – so empfängst du.

Die Li

Erlaube keiner Schwierigkeit der Welt, dich von der Liebe zu deinem Kind abzubringen. Den WERT deiner Liebe erkennst du in schwierigen Zeiten.

ebE

E

rziehen

Die größte Herausforderung in der Erziehung besteht darin, unser Kind zu lieben und seine Bedürfnisse **wahrzunehmen**, gleichzeitig aber auch uns selbst zu lieben und unsere eigenen Bedürfnisse *ernst zu nehmen* und denen des Kindes gleichzusetzen.

kuns

erzieh

IST

Wir al

küns

UNg

kUNST.

LE SINd

tLER.

ung
kunst.
le sind
tler.

tvoll

Entfal

Wie eine Pflanze
raum und Licht
zum Wachsen
braucht,
so benötigt ein
Kind liebe und
freiheit zur
Entfaltung.

UNG

KINDER

KINDER sind
wie Seismografen:
Sie nehmen alles wahr,
was ist.
Auch das,
was wir NICHT
WAHRHABEN wollen.

Darum *sei ehrlich* mit dir
selbst und mit deinem Kind,
damit du seine feinen
Antennen nicht zerstörst.
So hilft dir dein Kind
wieder zu deiner eigenen
Wahrheit zu finden.

Ein Kind nimmt unsere Gefühle und Gedanken wahr. Es spürt, ob wir zu Recht mit uns **zufrieden** sind und am gemeinsamen Wachstumsprozess teilnehmen.

Es macht uns auf seine Art darauf **aufmerksam**, wenn wir unsere eigenen Schwächen zu verdrängen suchen und diese dann im Kind oder in der Umwelt bekämpfen, statt *selbst* an der Überwindung zu arbeiten.

Wir sollten die chance
zum Wachstum nutzen und den
Spiegel, den uns unser Kind
durch sein Sosein vorhält,
aufmerksam betrachten.
Das Spiegelbild zeigt
uns unser Versagen oder Gelingen
in der Selbsterziehung.

Z

eigen

Liebe verlangt
nicht nach Worten,
sondern nach **Taten**.

Darum:
Zeige deinem Kind,
dass du es liebst.

Erst durch die Wiederentdeckung des Wesens – unseres INNEREN KINDES – werden wir zu einem liebes- und glücksfähigen Menschen.

Das, was in der Kindheit hätte bewahrt und gestärkt werden können, ist in späteren Jahren nur mit großer Mühe wiederzuerwecken.

Im Erwachsenenalter stehen wir Herausforderungen gegenüber, die um so besser gemeistert werden, je stärker unser Wesen daran beteiligt ist.

Darum nimmt der ruf nach

dem inneren Kind in dem Maße zu,

in dem wir belastet sind.

Doch wie ist das innere Kind

wieder zum Leben zu

erwecken? • • •

••• *Indem wir*

• unsere LUST AM LEBEN
wieder entdecken,
uns unserer Angst stellen
und durch deren Überwindung
innerlich stärker werden;

• wieder MUT HABEN, unseren
eigenen Weg zu gehen,
und neugierig und schöpferisch
auf die unerwarteten Dinge
des täglichen Lebens reagieren;

- wieder still sein können und der Stimme lauschen, die aus unserem Inneren zu uns spricht;

- wieder eigene antworten auf die Fragen unseres Lebens finden

- und endlich wieder die verantwortung für unser Leben und das unseres Kindes übernehmen.

E

rlauben

Zeige
deinem Kind
deine Liebe,
indem du
ihm erlaubst,
aus deinem
schatten
zu treten.

fun

Ein funken
zu deinem
entfacht
mit welchem
wärmt und
er

Ein funken
zu deinem
entfacht
mit welchem
wärmt und
er

der Liebe
Kind
das feuer,
es sich selbst
die Welt
hellen kann.

der Liebe
Kind
das Feuer,
es sich selbst
die Welt
hellen kann.

KEn

chance

Sobald du liebst,
ist all dein Tun
gesegnet
und das ganze
Universum
dient dir.
Nutze die Chance
in der Liebe
zu deinem Kind.

Die Stimme des Wesentlichen in uns ist immer leise.
Die Werbung für das Unwesentliche ist immer laut.

Erziehe dich
dazu, das
Wesentliche
wahrzunehmen.
Dann fällt es dir
leicht, deinem
Kind zu helfen,
sein Wesen
in diese Welt
zu bringen.

imme

Warum ist die Erziehung eines Kindes so schwer?

Weil sie Selbsterziehung von uns Erwachsenen voraussetzt.

Wenn wir uns selbst schlecht erziehen, denken wir:

Es bemerkt schon niemand.

erzie

Bei der Erziehung unserer Kinder wird dieses Versäumnis *sichtbar*.

ewissen

Sei wie ein Kind:
Nimm die Stimme
deines *Gewissens*
ernst und nimm
deine *Gefühle* wahr.

Einem Kind Liebe und
Verständnis zu schenken,
heißt **SICH SELBST**
zu beschenken.

Ein Kind nimmt deine Gedanken und Gefühle wahr.

Darum:

Wenn du möchtest, dass dein Kind sich verändert, **ändere *deine* Gedanken**.

nken

Liebe

Es ist leicht,
sein Kind zu lieben,
wenn alle Welt
es liebt und jeder
gut zu ihm ist.
Die Herausforderung
für dich besteht
darin, es zu *lieben*,
wenn es sich von
der Welt unver-
standen fühlt.

Die Z

Das Selbst des Menschen
ist das pferd.
Das Ich der reiter.
Um seinen Weg im Leben
zu gehen, muss der Reiter
die Signale des Pferdes
wahrnehmen und *die Zügel*
fest in der Hand führen.

ügel

Solange das Kind klein ist,
hältst du die Zügel in der Hand
und nimmst die **Signale**
des Kindes wahr, bis es selber
stark genug ist, die Zügel in
der Hand zu führen und
aus eigener Kraft seinen
Lebensweg zu vollenden.

WeNN DU
ZU DIr
FÄLLT eS DIR
auCH EHr
dEINEM kINd

Ehr

ehrlich

selbst bist,

leicht,

lich zu

zu sein.

lich

glück

Ein Kind,
das sein
wesen
verloren hat,
hat seine
Fähigkeit
zum **glück**
verloren.

I

eben

Alles Materielle
kann das Leben
verschönern;
es vermag aber
das Leben selbst
nicht schöner
zu machen.
Denke daran
im Umgang mit
deinem Kind.

Liebe

Kinder sind boten
des Universums
mit einem verbor-
genen geschenk
an dich.
Dieses Geschenk
entdeckst du,
wenn du dein Kind
unermüdlich liebst.

Die Reihe »Zauberworte« wird von
Hans Christian Meiser herausgegeben.

Design: Greenstuff, Iris & Jochen Grün, München
Fotos: Jochen Grün, München
Redaktion: Isabelle Fuchs

ISBN 3-7607-1907-4

www.arsedition.de